दलाई लामा

दलाई लामा

प्रेम, सफलता, प्रसन्नता और जीवन का अर्थ

अनुवाद : रचना भोला 'यामिनी'

MANJUL

मंजुल पब्लिशिंग हाउस

First published in India by

MANJUL

Manjul Publishing House Pvt. Ltd.

Corporate & Editorial Office

• 2nd Floor, Usha Preet Complex,
42 Malviya Nagar, Bhopal 462 003 - India
Email: manjul@manjulindia.com Website: www.manjulindia.com

Sales & Marketing Office

• 7/32, Ground Floor, Ansari Road, Daryaganj, New Delhi 110 002
Email: sales@manjulindia.com

Distribution Centres

Ahmedabad, Bengaluru, Bhopal, Kolkata, Chennai,
Hyderabad, Mumbai, New Delhi, Pune

Originally published in United States as *Questions for the Dalai Lama: Answers on Love, Success, Happiness & the Meaning of Life*

This Hindi language edition first published in India in 2015

Cover and Interior Design by Dede Cummings
Cover photo © stevenbrock.com

ISBN 978-81-8322-594-6

Translation by Rachna Bhola 'Yamini'

Printed and bound in India by Thomson Press (India) Ltd.

विषय सूची

बाहरी अंतरिक्ष से लिया गया, धरती का पहला चित्र, मेरे अनुभवों में सबसे अधिक शक्तिशाली परिकल्पना रहा। एक नीले ग्रह की छवि, गहन अंतरिक्ष में तैरता हुआ, मानो किसी स्वच्छ रात्रि में पूर्ण चंद्र आलोकित हो उठा हो, उसी समय अपने पूरे बल के साथ मेरे सामने यह तथ्य प्रकाशित हुआ कि हम सभी वास्तव में एक ही परिवार के सदस्य हैं, जो एक ही घर में रह रहे हैं।

- परम पूज्य 14वें दलाई लामा

प्रस्तावना

शांति के लिए नोबेल पुरस्कार विजेता, तिब्बती लोगों के आध्यात्मिक व सांसारिक नेता, दार्शनिक, मानवतावादी, वैज्ञानिक समझ–बूझ के प्रचारक व भिक्षु - तिब्बत के परम पूज्य 14वें दलाई लामा, विभिन्न प्रकार के व्यक्तियों के लिए विभिन्न रूपों का प्रतिनिधित्व करते हैं। पूरे संसार के नेताओं को शांति के संदेश का संबोधन देना हो; धार्मिक व संज्ञानात्मक चेतना के बीच सेतु बनाने के लिए वैज्ञानिक समुदाय के तेजस्वी मस्तिष्कों को तैयार करना हो; प्राचीन सूत्रों के उच्चारण के साथ हज़ारों बौद्ध भिक्षुओं को प्रशिक्षित करना हो; दलाई लामा की एक झलक पाने के लिए, अपने प्राणों को संकट में डालते हुए हिमालय को पैरों से नापते आए तिब्बती शरणार्थियों से हाथ मिलाना हो; या फिर यू.एस. के कॉलेजों में छात्रों के नाम संबोधन हो; परम पूज्य 14वें दलाई लामा अथक रूप से आंतरिक शांति व वैश्विक समझ–बूझ को प्रचारित करते रहते हैं।

मेरे लिए यह बहुत ही सौभाग्य का विषय रहा कि मैं ऐसे अनेक अवसरों पर उपस्थित रहा, मैं दलाई लामा द्वारा मेरे तथा दूसरों के जीवन को छू लेने की योग्यता का साक्षी रहा। अधिकतर, अमेरिकी जीवनशैली जीने के अभ्यस्त होने के साथ-साथ, मुझे भारत में भी अनेक वर्ष बिताने का सौभाग्य प्राप्त हुआ, जहाँ मैंने तिब्बती समुदाय के साथ परिचित होने के अनेक अवसर पाए। उन अनुभवों के दौरान, मेरा जीवन पूरी तरह से बदल गया; उसी निकट संपर्क के प्रभाव से यह जीवन बदला, जो मुझे अनेक वर्षों में परम पूज्य 14वें दलाई लामा के वचनों को सुनने से प्राप्त हुआ। इस अनमोल मनुष्य जीवन को नष्ट मत करो, दयालुता ही मेरा धर्म है; दूसरों को हानि मत पहुँचाओ; प्रेम, करुणा व सार्वभौमिक उत्तरदायित्व का भाव ही प्रसन्नता व शांति पाने के सच्चे स्त्रोत हैं।

ये सभी विचार तथा इस पुस्तक में दिए गए सभी विचार, इस ग्रह पर जीवित एक सुप्रशिक्षित मनस् व करुणामयी हृदय के गहन मनन तथा प्रेरणा पर आधारित हैं। यह जान कर बहुत ही हर्ष का अनुभव हो रहा है कि यह पुस्तक अब प्रत्येक स्थान पर आसानी से उपलब्ध होगी, जिससे हम और अधिक पाठकों तक परम पूज्य के शांति व सामंजस्य के संदेश को पहुँचा सकते हैं। परम पूज्य ने जो भी उत्तर दिए हैं, उन्हें हम जीवन की चुनौतियों के दौरान, प्रसन्नता पर मनन करते हुए या अपने दिन के लिए प्रेरणा का उपादान जुटाते हुए; बार-बार प्रयोग में

ला सकते हैं। भले ही कारण जो भी हो, उनके अर्थ आपके मन व हृदय में अंकुरित हों, आपकी आंतरिक शांति व प्रसन्नता में अपना सहयोग प्रदान करें; और ऐसा करते हुए, आप पूरे विश्व के लिए महान शांति व प्रसन्नता उत्पन्न करने का साधन बन सकें।

- लॉरिन एल्डरफ़र

लेखक की ओर से

जुलाई 1935 के प्रारंभ में, 14वें दलाई लामा का जन्म चीन की तिब्बती सीमा पर स्थित एक गाँव में, कृषि व अश्व-पालन करने वाले एक परिवार में हुआ।

सात भाई-बहनों में से एक बालक को, उनके परिवार से दो वर्ष की आयु में ही ले जाया गया और वे उचित शिक्षा-दीक्षा के साथ, पंद्रह वर्ष की आयु में तिब्बतवासियों के धार्मिक व सांसारिक नेता बने, इसके बाद वे 1959 में निर्वासन में चले गए, और अब तक यूँ ही जीवन व्यतीत करते आ रहे हैं और तिब्बत की स्वतंत्रता तथा विश्व शांति के समर्थक के रूप में निरंतर एक प्रतिनिधि की भूमिका निभा रहे हैं।

परम पूज्य तिब्बतवासियों के आध्यात्मिक नेता हैं और बार-बार इस बात पर बल देते हैं कि उनका जीवन तीन प्रमुख वचनबद्धताओं से संचालित है : मनुष्य की

प्रसन्नता के हित में आधारभूत मानवीय मूल्यों अथवा धर्म निरपेक्ष नीतियों का प्रचार; अंतः धार्मिक सामंजस्य का पोषण; तथा तिब्बती बौद्ध संस्कृति का संरक्षण, जो शांति व अहिंसा की परंपरा रही है।

वे कहते हैं, 'मैं आपकी तरह ही हूँ।' और वास्तव में, दलाई लामा बहुत ही विनीत व्यक्ति हैं; उन्हें किस्से सुनाना और अपने सुनाए चुटकुलों पर हँसना बहुत पसंद है। परंतु उनकी मनीषी प्रज्ञा मानवजाति के लिए है और यही इस पुस्तक का केंद्र भी है।

पूरे विश्व में लोग, अपनी विभिन्न धार्मिक मान्यताओं के बावजूद, परम पूज्य 14वें दलाई लामा द्वारा जीवन के प्रति दी गई व्यावहारिक सोच का सम्मान करते हैं। हम सभी उनके करिश्माई अस्तित्व से अभिभूत हैं, जो बहुत ही विनम्र, विचारवान तथा उदारमना है।

सदियों से, लाखों-करोड़ों लोग दलाई लामा के शाश्वत विवेक का आश्रय लेते आए हैं। चौदहवें तथा वर्तमान दलाई लामा तेनज़िंग ग्यात्सो, ने पूरे विश्व का दौरा किया है और असंख्य मानवतावादी विषयों पर अपने विचार प्रकट किए हैं जैसे, स्त्रियों की समानता, पर्यावरण, अहिंसा तथा मानवाधिकार आदि।

उनका संदेश प्रत्येक व्यक्ति के भीतर अनुनादित हो उठता है, उनके शब्दों को प्रस्तुत करने के लिए और उन्हें आपके निजी संकल्प का हिस्सा बनाने के लिए ही यह पुस्तक लिखी गई है। हमने परम पूज्य की प्रज्ञा से

संपन्न उन शब्दों को प्रस्तुत किया है, जिन्हें वे निःसंकोच प्रत्येक व्यक्ति को अर्पित करते आए हैं। परम पूज्य द्वारा लिखी पुस्तकों तथा उनके उपदेशों के बारे में लिखी गई पुस्तकों की जानकारी पाने के लिए, आपको परम पूज्य 14वें दलाई लामा के कार्यालय की औपचारिक वेबसाइट पर जाना होगा : www.dalailama.com

"एक स्वस्थ मन ही किसी स्वस्थ शरीर के लिए सबसे महत्त्वपूर्ण तत्व होता है।" उन्होंने हाल ही में एक अमेरिकी श्रोता से कहा था। "यदि आप दूसरों की सहायता करते हैं और उन्हें यथासंभव सेवा प्रदान करते हैं, तो यह एक सार्थक जीवन जीने का उचित तरीक़ा होगा।"

दलाई लामा का मानना है कि आधुनिक जीवन बहुत ही भौतिकवादी हो गया है। परंतु फिर भी वे इस बात पर बल देते हैं : "सब कुछ आपस में संबंध रखता है, पूरे संसार व हम सब को सामूहिक रूप से, विश्व शांति स्थापना के लिए अपनी ओर से क़दम उठाने चाहिए।"

इस छोटी सी पुस्तक को इसी आशा के साथ लिखा गया है कि परम पूज्य के प्रवचनों को बहुत ही संक्षिप्त रूप में, पाठकों तक पहुँचाया जा सके। इसे पाँच भागों में सुव्यवस्थित किया गया है। दलाई लामा के लिए

प्रश्न में, सार्वभौमिक तथा प्रासंगिक प्रश्नों के उत्तर, चौदहवें दलाई लामा के कथनों, लेखों, भाषणों, लिखित सामग्री आदि से ही लिए गए हैं। यानी इन प्रश्नों के उत्तर उनके ही हैं।

प्रेम, त्रासदी, करुणा, सफलता व प्रसन्नता आदि विविध विषयों की जानकारी देते इन उद्धरणों को इस प्रकार चुना गया है कि ये परम पूज्य द्वारा अभ्यास में लाए जा रहे आध्यात्मिक व व्यावहारिक पथ का उदाहरण भी प्रस्तुत कर सकें।

मानव जाति के सभी सदस्यों का आवाह्न किया जा रहा है कि वे अपने रानीतिक व राष्ट्रीय विभाजनों को भुला कर; अपने मन को उस अनुशासन के साथ प्रशिक्षित करें, जो हमारे प्रधान उद्देश्य, शांति की स्थापना के लिए परम आवश्यक है।

- लेखकों की ओर से

हम इस ग्रह पर मात्र यात्री हैं। हम यहाँ अधिक से अधिक नब्बे या सौ वर्षों के लिए आए हैं। इस अवधि के दौरान, हमें कुछ नेक करने का प्रयास करना चाहिए, कुछ ऐसा जो हमारे जीवन के लिए उपयोगी हो सके। यदि आप दूसरे व्यक्तियों के जीवन की प्रसन्नता में अपना योगदान देंगे, तो आप सच्चा लक्ष्य, जीवन का सच्चा अर्थ पा लेंगे!

- परम पूज्य 14वें दलाई लामा

भाग 1

प्रेम

प्रशिक्षण के माध्यम से ज्ञान प्राप्त होता है। आप करूणा, प्रेम व क्षमा उत्पन्न कर सकते हैं। आप अपने-आप में बदलाव ला सकते हैं।

- परम पूज्य 14वें दलाई लामा

प्रेम पाने की इच्छा, मनुष्य के अस्तित्व से कहीं गहराई से जुड़ी है।

- परम पूज्य 14वें दलाई लामा

प्रेम की आवश्यकता क्यों है?

"प्रेम व करूणा के माध्यम से प्रसन्नता इसलिए प्राप्त होती है क्योंकि हमारी प्रकृति इनसे ही सर्वाधिक आनंदित होती है। प्रेम पाने की इच्छा, मनुष्य के अस्तित्व से कहीं गहराई से जुड़ी है। यह उस गहन अंतःनिर्भरता से उपजी है, जिसे हम परस्पर बाँटते हैं। भले ही कोई व्यक्ति कितना भी कौशलपूर्ण अथवा सक्षम क्यों न हो, यदि उसे अकेले छोड़ दिया जाए तो वह जीवित नहीं रह सकेगा। भले ही कोई व्यक्ति अपने जीवन की समृद्ध अवधि के दौरान, स्वयं को कितना भी स्वतंत्र अथवा सशक्त क्यों न माने, जब कोई रोगी होता है, बहुत छोटा अथवा वृद्ध होता है, तो उसे दूसरों की सहायता पर निर्भर रहना ही पड़ता है।"

आंतरिक मानसिक शांति के अभाव में, विश्व शांति के विषय में बात करना असंभव है। हम करूणा के माध्यम से, प्रेम के माध्यम से, एक सच्चा व यथार्थ मानव परिवार बना सकते हैं। प्रेम के माध्यम से हम वास्तविक प्रसन्नता, वास्तविक निरस्त्रीकरण पा सकते हैं।

- परम पूज्य 14वें दलाई लामा

क्या प्रेम एक सार्वभौमिक नियम है?

"अंतःनिर्भरता वास्तव में, प्रकृति का एक मूलभूत नियम है। न केवल जीवन के उच्चतम रूप बल्कि अनेक छोटे से छोटे कीट भी सामाजिक प्राणी हैं, जो किसी भी धर्म, नियम अथवा शिक्षा के अभाव में परस्पर सहयोग पर निर्भर करते हैं, जो परस्पर संबद्धता की अंतर्जात मान्यता पर आधारित होता है। भौतिक तथ्यों का सबसे अधिक जटिल स्तर भी अंतःनिर्भरता से ही संचालित होता है। जिस ग्रह पर हम वास करते हैं, उस पर सभी तत्व जैसे हमारे आसपास के सागर, मेघ, वन तथा पुष्प आदि भी, ऊर्जा के सूक्ष्म स्तरों के साथ निर्भरता पर उदय होते हैं। यदि उनके बीच उपयुक्त तालमेल अथवा सामंजस्य न रहा, तो वे विलीन हो कर नष्ट हो जाएँगे।"

एक स्तर पर तिब्बती बौद्ध धर्म भी वही सार्वभौमिक संदेश देता है, जैसे ईसाई संप्रदाय से प्राप्त होता है - अपने पड़ोसी से भी उसी तरह स्नेह रखो, जिस तरह तुम अपने प्रति स्नेह रखते हो। बड़े से ले कर छोटे प्राणी तक, किसी को भी हानि या बाधा पहुँचाने को, किसी मनुष्य से ले कर किसी निकृष्ट जीव तक को हानि पहुँचाने को किसी भी दशा में उपेक्षित किया जाना चाहिए। संपूर्ण आध्यात्मिक अभ्यास की आधारशिला प्रेम अथवा स्नेह ही तो है।

- परम पूज्य 14वें दलाई लामा

हम अपने-आप से प्रेम करना कैसे सीख सकते हैं?

"जब तक हम आंतरिक रूप से शांत नहीं होंगे, तब तक हम किसी भी दशा में, बाहरी जगत के साथ शांतिपूर्ण संबंधों की स्थापना नहीं कर सकते। यदि आपके भीतर अपने-आप से प्रेम करने की क्षमता नहीं है, तो वास्तव में ऐसा कोई आधार शेष नहीं रहता, जिस पर आप दूसरों के प्रति देख-रेख का भाव विकसित कर सकें। मानवीय संभावना तो सभी के लिए एक समान है। यदि आप यह भावना रखते हैं कि आपका कोई मोल नहीं है, तो यह एक अनुचित भावना है। आप अपने-आप को छल रहे हैं। हम सबके पास विचार की शक्ति है - तो आपके पास कौन सा अभाव है? यदि आपके पास संकल्पशक्ति है, तो आप कुछ भी कर सकते हैं।

प्रायः यही कहा जाता है कि आप अपने स्वामी स्वयं ही हैं। जिस क्षण में आप केवल अपने विषय में विचार करते हैं, आपके मन कर पूरा केंद्र संकीर्ण हो जाता है, और इसी संकीर्ण केंद्र के कारण

असहज बातें भी विकराल रूप धर कर सामने आने लगती हैं और आप भय, व्यथा तथा दुःख के भार से दबा हुआ महसूस करने लगते हैं। जिस क्षण में आप दूसरों के प्रति देख-रेख का भाव विकसित करते हैं, आपके मन का विस्तार होने लगता है। उसी बृहत्तर दृष्टिकोण में, आपकी अपनी समस्याओं का भी कोई मोल नहीं रह जाता और यही सबसे बड़ा अंतर बन कर सामने आता है।"

अन्य मनुष्यों के प्रति प्रेम की विस्तृत भावदशा ही बुद्ध अथवा ईश्वर के प्रति आदर की सच्ची परीक्षा है।

- परम पूज्य 14वें दलाई लामा

प्रेम व करूणा, जीवन की विलासिताएँ नहीं अपितु आवश्यकताएँ हैं। इनके बिना मानवता जीवित नहीं रह सकती।

- परम पूज्य 14वें दलाई लामा

क्या प्रेम मनुष्यों के लिए एक स्वाभाविक माँग है?

"एक बालक अन्य व्यक्तियों की देखरेख के अभाव में जीवित नहीं रह सकता, प्रेम ही इसके लिए सर्वाधिक महत्त्वपूर्ण पोषण है। बाल्यकाल की प्रसन्नता, बालक के भय का निराकरण तथा उसके आत्म-विश्वास का स्वस्थ विकास काफ़ी हद तक प्रेम पर ही निर्भर करता है। आजकल, बहुत से बालकों का पालन-पोषण ऐसे घरों में होता है, जहाँ प्रेम व शांति नहीं होते। यदि उन्हें समुचित स्नेह नहीं मिलता, तो बाद में, वे अपने माता-पिता को अपना प्रेम नहीं दे पाते और प्रायः ऐसा भी पाया गया है कि उन्हें किसी को भी अपना प्यार देने में कठिनाई होती है। यह बहुत ही खेदजनक है।

जब बच्चे बड़े हो कर स्कूल में प्रवेश करते हैं, तो उनके अध्यापकों को उन्हें पूरा सहयोग देना चाहिए। यदि कोई अध्यापक न केवल शिक्षा प्रदान करता है बल्कि अपने छात्रों को जीवन के लिए प्रस्तुत भी करता है, तो उसके छात्र पूरा भरोसा और विश्वास अनुभव

करेंगे और उन्हें जो भी पढ़ाया जाएगा, वह सदा के लिए उनके मस्तिष्क पर एक अमिट छाप छोड़ देगा। वहीं दूसरी ओर, जो अध्यापक अपने छात्रों के सर्वांगीण विकास पर ध्यान दिए बिना, केवल अध्ययन करवाते हैं, वे विषय अस्थायी रूप से ही छात्रों को प्रभावित करते हैं और उनकी स्मृति लंबे समय तक नहीं बनी रहती।

यदि कोई रोगी है और अस्पताल में डॉक्टर बहुत ही अपनेपन से उसे चिकित्सा प्रदान करता है, तो रोगी स्वयं को बहुत ही सहज अनुभव करता है और डॉक्टर द्वारा उसे बेहतर देखरेख देने की इच्छा ही उपचारक हो जाती है, फिर भले ही डॉक्टर का तकनीकी कौशल अथवा डिग्री कुछ भी क्यों न हो। वहीं दूसरी ओर, यदि डॉक्टर में मानवीय भावों का अभाव हो, वह दोस्ताना तरीक़े से पेश न आए या अमैत्रीपूर्ण भाव प्रकट करे, अधैर्य या अपमान का अनुभव करवाए तो रोगी की व्याकुलता और भी बढ़ सकती है। फिर चाहे वह कितना भी बड़ा डॉक्टर क्यों न हो, उसने रोग के उचित निदान के बाद सबसे बेहतर दवा ही क्यों न दी हो। उचित व्यवहार के अभाव में रोगी के लिए उपचारक शक्ति का अभाव हो सकता है। अनिवार्य रूप से, रोगी के अपने भाव भी उसके आरोग्य के लिए गुणवत्ता व संपूर्णता का अंतर उत्पन्न कर सकते हैं।"

यदि आपके पास दूसरों के प्रति दयालुता, प्रेम व सम्मान का भाव है, और आप सभी मनुष्यों की एकता के लिए यथार्थ बोध रखते हैं, तो आप उनके प्रति उचित रवैया उत्पन्न कर सकते हैं।

- परम पूज्य 14वें दलाई लामा

याद रखें, एक बेहतर संबंध वही है, जहाँ आपका एक-दूसरे के प्रति प्रेम, परस्पर आवश्यकता से भी कहीं अधिक हो जाता है।

- परम पूज्य 14वें दलाई लामा

क्या सेक्स व प्रजनन की इच्छा को ही प्रेम कहा जाएगा अथवा यह कुछ और है?

"यदि हम ब्रह्माण्ड की रचना तथा विकास के जटिल प्रश्न को एक ओर रख दें, तो हम कम से कम इस विषय पर तो सहमत हो ही सकते हैं कि हम सभी अपने-अपने माता-पिता द्वारा उत्पन्न किए गए हैं। सामान्यतः, हमारा गर्भाधान केवल कामेच्छा के संदर्भ में ही नहीं होता, यह हमारे माता-पिता द्वारा संतान उत्पन्न करने की इच्छा के कारण होता है। ऐसे निर्णय उत्तरदायित्व तथा परोपकारिता पर निर्भर करते हैं - माता-पिता करूणामयी वचनबद्धता ग्रहण करते हैं कि वे बच्चे को तब तक अपनी देखरेख प्रदान करेंगे, जब तक वह अपने आपको संभालने योग्य नहीं हो जाता। इस प्रकार, ठीक हमारे गर्भाधान के क्षण के साथ ही, हमारे सृजन के साथ माता-पिता का प्रेम जुड़ जाता है।"

भाग 2

करुणा

अंततः मानवता एक ही है, और यह छोटा-सा ग्रह हमारा एकमात्र आश्रय है। यदि हमें अपने इस घर का बचाव करना है, तो हममें से प्रत्येक को सार्वभौमिक परोपकारिता की भावना को अनुभव करना होगा। केवल यही भावना ही उन स्व-केंद्रित उद्देश्यों को हटा सकती है, जिनके कारण लोग एक-दूसरे को छलते हैं तथा एक-दूसरे के प्रति अनुचित व्यवहार करते हैं।

- परम पूज्य 14वें दलाई लामा

मेरे अनुसार, करुणा का अभ्यास, उन कुछ साधनों में से है, जो हमारे जीवन में तत्काल तथा दीर्घ-कालीन प्रसन्नता लाने का माध्यम बन सकता है।

- परम पूज्य 14वें दलाई लामा

करुणा क्या है?

"सबसे पहले, हमें यह स्पष्ट रूप से जान लेना होगा कि करुणा किसे कहते हैं? इच्छा व मोह के साथ भी करुणा के बहुत से भाव मिश्रित हैं। सच्ची करुणा केवल एक भावात्मक प्रतिक्रिया मात्र नहीं होती, यह एक दृढ़ वचनबद्धता है, जो बोध पर आधारित है। इस प्रकार, एक सच्चा व करूणामयी रवैया, किसी के नकारात्मक व्यवहार के कारण भी नहीं बदलता। सार्वभौमिक परोपकारिता के माध्यम से, आपके भीतर दूसरों के प्रति उत्तरदायित्व की भावना का उदय होता है : आप सक्रिय रूप से उन्हें सहायता प्रदान करते हुए, उनकी समस्याओं का हल निकालना चाहते हैं।

भले ही लोग सुंदर व मैत्रीपूर्ण हों अथवा अनाकर्षक व विनाशकारी हों, अंततः वे हम सबकी तरह मनुष्य ही हैं। वे भी दूसरों की तरह प्रसन्नता चाहते हैं और अपने लिए कष्टों को आमंत्रित नहीं करना चाहते। इसके अतिरिक्त, वे दूसरों की तरह कष्टों से मुक्ति पाने तथा प्रसन्न रहने का समान अधिकार रखते हैं। अब, जब आपने जान लिया है कि प्रत्येक व्यक्ति

प्रसन्नता की कामना तथा उसे पाने के अधिकार के लिए समान स्तर रखता है, तो आप स्वचालित रूप से उसके प्रति आत्मीयता तथा समानुभूति का भाव रखेंगे। जब आप अपने मन को सार्वभौमिक परोपकारिता की ओर उन्मुख कर लेंगे, तो आपके भीतर दूसरों के प्रति उत्तरदायित्व का भाव विकसित होगा। आप सक्रिय रूप से उन्हें सहायता प्रदान करते हुए, उनकी समस्याओं का हल निकालना चाहेंगे। इस इच्छा में चुनाव का प्रश्न ही नहीं आता, यह सब पर समान रूप से लागू होती है। जब तक वे आपकी तरह, मनुष्यों के रूप में पीड़ा व आनंद का अनुभव कर रहे हैं, उन्हें किसी भी प्रकार से भेदभाव के तराज़ू पर तौलने का प्रश्न ही नहीं पैदा होता या आप उन्हें उनके नकारात्मक व्यवहार के कारण नकार नहीं सकते। निःसंदेह, इस प्रकार की करुणा को अपने भीतर उत्पन्न करना इतना सहज भी नहीं होता!”

सभी प्रमुख धर्म केवल एक ही संदेश देते हैं - प्रेम, करुणा, क्षमा, धैर्य, वचनबद्धता तथा आत्मानुशासन का संदेश! मेरे ईसाई व मुस्लिम मित्र भी हैं। वे भी इन सभी मूल्यों का ही पालन करते हैं।

- परम पूज्य 14वें दलाई लामा

बौद्ध धर्म उस रूपांतरण के लिए एक लंबे समय से चर्चा करता आया है कि मनुष्य के मन में रूपांतरण की संभावना सहज रूप से विद्यमान है। इसके लिए, परंपरा में अनेक मननशील ध्यान के अभ्यास व तकनीकें विकसित किए गए हैं; जो कि निश्चित रूप से दो प्रधान उद्देश्यों पर आधारित हैं : एक करुणामयी हृदय का विकास तथा दूसरे यथार्थ की प्रकृति के लिए गहन अंतर्दृष्टि का विकास, जिन्हें करुणा तथा विवेक के संयोग के रूप में जाना जाता है।

- परम पूज्य 14वें दलाई लामा

बौद्ध धर्म करुणा के विषय में क्या कहता है?

"मेरा धर्म बहुत सादा है। दयालुता ही मेरा धर्म है। यही मेरा सादगी से भरा धर्म है। मुझे मंदिरों की आवश्यकता नहीं है। मुझे जटिल दर्शनों की आवश्यकता नहीं है। आपका अपना मन, आपका अपना हृदय ही मंदिर है। सादगी से भरपूर दयालुता ही आपका दर्शन है।"

इस बात से कोई अंतर नहीं पड़ता कि आप आस्तिक हैं अथवा नास्तिक, आपकी निष्ठा, क्षमाशीलता तथा करुणा कहीं अधिक मायने रखती है।

- परम पूज्य 14वें दलाई लामा

हममें से प्रत्येक इस संसार में बड़ा परिवर्तन कैसे ला सकता है?

"मेरा मानना है कि समाज के प्रत्येक स्तर में - परिवारिक, जातीय, राष्ट्रीय तथा अंतर्राष्ट्रीय - करुणा का विकास ही एक अधिक प्रसन्न व सफल संसार की कुँजी है। हमें धार्मिक बनने की आवश्यकता नहीं है, न ही हमें किसी एक विचारधारा के पीछे चलने की आवश्यकता है। हमे केवल अपने भीतर अच्छी मानवीय विशेषताओं तथा गुणों को विकसित करना है। मुझसे जो भी मिलता है, मैं उससे ऐसे पेश आने का प्रयत्न करता हूँ मानो वह मेरा कोई पुराना बंधु हो। इस प्रकार मुझे हाद्रिक प्रसन्नता का अनुभव होता है। यही करुणा का अभ्यास है।"

मनुष्य के रूप में हम सभी प्रसन्न रहना चाहते हैं, कष्टों से परे रहना चाहते हैं... हमने जाना है कि आंतरिक शांति ही प्रसन्नता प्राप्त करने की कुँजी है। क्रोध, मोह, भय तथा संदेह आदि विचलित कर देने वाले भाव आंतरिक शांति की राह में सबसे बड़ी बाधा हैं, जबकि प्रेम, करुणा, तथ सार्वभौमिक उत्तरदायित्व का भाव, शांति व प्रसन्नता का स्रोत हैं।

- परम पूज्य 14वें दलाई लामा

यदि करुणा हमारी स्वाभाविक अवस्था है, तो हम इतने कष्ट क्यों देते हैं?

"मेरे कुछ मित्रों ने मुझे बताया है, कि प्रेम और करुणा को आप चमत्कारिक व अच्छा तो कह सकते हैं परंतु वे बहुत प्रासंगिक नहीं हैं। उनका कहना है कि हमारा संसार ऐसा स्थान नहीं है, जहाँ ऐसे भावों को बहुत प्रभावशाली या शक्तिशाली माना जाता हो। उनका दावा है कि गुस्सा और नफ़रत, मनुष्य के स्वभाव का ऐसा अंग बन गए हैं कि मनुष्यता पर सदा उनका ही वर्चस्व रहेगा, मैं उनकी बात से सहमत नहीं हूँ।

हम मनुष्य अपने इस वर्तमान स्वरूप में लाखों वर्षों से हैं। मेरा मानना है कि यदि इस दौरान मनुष्य का मन पूरी तरह से क्रोध व घृणा के वश में होता, तो कुल जनसंख्या अब तक कम हो गई होती। परंतु आज भी, सभी युद्धों के बावजूद, हमने पाया है कि मनुष्य की जनसंख्या पहले से कहीं अधिक है। इससे मुझे स्पष्ट संकेत मिलता है कि ससांर में प्रेम व करुणा का ही राज

है। यही कारण है कि विषादपूर्ण घटनाएँ समाचार बनती हैं और करुणामयी गतिविधियों को यूँ ही उपेक्षित कर दिया जाता है।"

यदि आप निष्ठावान तथा उदार हैं तो स्वाभाविक रूप से आत्म-विश्वास तथा सामर्थ्य को अनुभव कर सकते हैं और आपको अन्य व्यक्तियों से भयभीत होने की आवश्यकता नहीं है। यदि आपके पास दयालुता अथवा सहृदयता का आधारभूत गुण है, तो बाकी सभी बातें भी उचित दिशा में ही जाएँगी।

- परम पूज्य 14वें दलाई लामा

"हमारे शत्रु ही हमें ऐसी चुनौतियाँ देते हैं जो सहिष्णुता, धैर्य व करुणा जैसे गुणों को विकसित करने के लिए आवश्यक होती हैं।"

- परम पूज्य 14वें दलाई लामा

मैं करुणा को कैसे विकसित कर सकता हूँ?

मैं इस बात पर बल देना चाहता हूँ कि आपके भीतर इस प्रकार की करुणा को जागृत करने के लिए शक्ति, धैर्य व समय होता है। निःसंदेह हमारी स्व-केंद्रिता, हमारा अपने स्वतंत्र 'मैं' के प्रति मोह, करुणा के मार्ग में बुनियादी रूप से बाधा बन कर सामने आते हैं। सच्ची करुणा का अनुभव केवल तभी प्राप्त किया जा सकता है जब हम इस प्रकार के आत्म-मोह को वश में रख सकें, परंतु इसका अर्थ यह भी नहीं कि हम अभी से आरंभ नहीं कर सकते या प्रगति नहीं कर सकते।

हमें करुणा की सबसे बड़ी बाधा : क्रोध व घृणा को समाप्त करने के साथ आरंभ करना चाहिए। जैसा कि हम सब जानते हैं, ये बहुत ही शक्तिशाली भाव हैं और हमारे मन को अपने वश में कर सकते हैं। यद्यपि हम इन पर नियंत्रण पा सकते हैं। यदि हमने ऐसा नहीं किया, तो ये नकारात्मक भाव हमें घेर लेंगे और एक स्नेही मन के साथ प्रसन्नता की तलाश में बाधा

बन जाएँगे। करुणा तो स्वभाव से ही मृदु, सौम्य तथा शांतिपूर्ण होती है, परंतु यह बहुत शक्तिशाली भी है। जो लोग बहुत जल्दी अपना धैर्य खो देते हैं, वे वास्तव में बहुत अस्थिर तथा असुरक्षा की भावना से ग्रस्त होते हैं। इस प्रकार, मेरे अनुसार क्रोध का उत्पन्न होना, दुर्बलता का एक लक्षण है।

तो, जब भी कोई समस्या सामने आए तो उस शांत रवैया रखते हुए, विनम्र बने रहने का प्रयत्न करें और यह ध्यान दें कि आपका परिणाम अनुचित न हो। निःसंदेह, अन्य व्यक्ति आपका लाभ उठाने की कोशिश कर सकते हैं और यदि आपके निरासक्त रहने से उनकी आक्रामकता बढ़े तो अपने पक्ष पर डटे रहें। इस तरह, यह कार्य करुणा के साथ किया जाना चाहिए, और यदि आपके लिए अपने विचारों को प्रकट करना व कठिन क़दम उठाना आवश्यक ही हो जाए तो इसे भी किसी दुर्भाव या क्रोध के बिना किया जाना चाहिए।

दूसरों को सहायता प्रदान करना ही, इस जीवन में हमारा प्रधान उद्‌देश्य है। यदि आप उनकी सहायता नहीं कर सकते, तो कम से कम उन्हें आहत न करें।

- परम पूज्य 14वें दलाई लामा

भाग 3

सफलता

"आपको कुछ पाने के लिए क्या खोना पड़ा, उस मापदंड पर अपनी सफलता को परखें।"

- परम पूज्य 14वें दलाई लामा

निःसंदेह, हमारी भौतिक प्रगति व तकनीक में आशातीत वृद्धि हुई है, परंतु किसी तरह यह पर्याप्त नहीं है, क्योंकि हम अभी तक अपनी पीड़ा व कष्ट के लिए प्रसन्नता व शांति प्राप्त नहीं कर सके।

- परम पूज्य 14वें दलाई लामा

हम जीवन में सफलता कैसे प्राप्त करते हैं?

"मैंने पाया है कि प्रेम व करुणा के विकास से ही आंतरिक प्रशांति पाई जा सकती है। हम दूसरों की प्रसन्नता के लिए जितना अधिक परवाह करेंगे, यह हमारे लिए उतना ही कल्याणकारी होगा। जब आप दूसरों के प्रति एक सहज अपनेपन का भाव विकसित करेंगे तो आपका अपना मन भी स्वचालित रूप से शांत हो जाएगा। यही जीवन में सफलता पाने का अंतिम स्त्रोत है।"

चेहरे पर मुस्कान बनाए रखने वाला व्यक्ति एक सफल तथा प्रसन्नतापूर्ण जीवन व्यतीत करता है।

- परम पूज्य 14वें दलाई लामा

हम अपने जीवन में सफलता को कैसे माप सकते हैं?

"प्रायः, जिन व्यक्तियों को कार्मिक नियमों का पूरा ज्ञान नहीं होता, वे कहते हैं कि अमुक व्यक्ति तो बहुत ही धार्मिक व दयालु है किंतु वह हमेशा समस्याओं से घिरा रहता है। जबकि वह व्यक्ति कितना कपटी और नकारात्मक है परंतु वह हमेशा सफल हो जाता है। ऐसे लोग सोच सकते हैं कि कोई कार्मिक नियम नहीं होते। बहुत से ऐसे व्यक्ति भी हैं जो अति तक जा कर अंधविश्वासी हो जाते हैं और यह मानने लगते हैं कि वे जो भी रोग अथवा कष्ट के अनुभव पा रहे हैं, वे किसी न किसी अनिष्टकर आत्मा के कारण हैं। यद्यपि कारण तथा प्रभाव में एक सुनिश्चित संबंध होता है : जो कर्म किए नहीं जाते, वे कभी प्रभाव उत्पन्न नहीं करते और जो एक बार संपन्न हो जाते हैं; वे कभी अपनी क्षमता नहीं खोते।"

धर्म का संपूर्ण उद्‌देश्य यही है कि लोगों के बीच प्रेम, करुणा, धैर्य, सहिष्णुता, विनम्रता तथा क्षमाशीलता को प्रोत्साहित किया जाए।

- परम पूज्य 14वें दलाई लामा

यदि हम सफल हैं, तो दूसरों की सहायता करना इतना महत्त्वपूर्ण क्यों है?

"यदि अपने संसार के आनंद के बीच यदि आपको किसी भी रूप में, किसी की सहायता करने का अवसर प्राप्त हो, भले ही वह छोटी सी क्यों न हो, तो उन लोगों को अपनी मदद दें जो शोषित हैं या किसी कारणवश अपनी मदद नहीं कर सकते। उन व्यक्तियों से दूर भागने का प्रयत्न न करें, जो दिखने में गंदे और भद्दे हों और आपको अच्छे न दिखते हों। उन्हें अपने से हीन समझने की चेष्टा न करें। यदि हो सके, स्वयं को उन विनम्र भिखारियों से, कहीं से भी ऊँचा समझने की चेष्टा न करें। आप भी अपनी क़ब्र में ऐसे ही दिखाई देंगे।"

जब हमारी मृत्यु होगी, तो हम अपने जीवन में किए कार्यों के बीजों तथा आध्यात्मिक ज्ञान के अतिरिक्त अपने साथ कुछ नहीं ले जा सकते।

- परम पूज्य 14वें दलाई लामा

क्या भौतिक क्षेत्र में सफलता प्राप्त करना महत्त्वपूर्ण है?

"इसमें कोई संदेह नहीं कि हमारी भौतिक प्रगति व तकनीकी ज्ञान में तो वृद्धि हुई है परंतु, केवल यही पर्याप्त नहीं है क्योंकि हम अभी तक शांति या प्रसन्नता लाने या पीड़ा अथवा कष्ट से उबरने में सफल नहीं हो सके हैं। यदि आप पूरी गंभीरता व प्रेरणा के साथ दूसरों को अपनी सहायता प्रदान करते हैं और उनके प्रति विचारवान बनते हैं, तो इस तरह आपको जीवन में अधिक सौभाग्य, मित्रों, मुस्कानों व सफलता की प्राप्ति होगी। यदि आप दूसरों के अधिकारों के विषय में भूल जाते हैं और दूसरे लोगों के कल्याण को उपेक्षित करते हैं, तो अंततः आप पूरी तरह से अकेले रह जाएँगे।"

आशावादी बनने का चुनाव करें, इससे आप बेहतर महसूस करेंगे।

- परम पूज्य 14वें दलाई लामा

हम एक सफल और संतुष्टिदायक जीवन कैसे बनाए रख सकते हैं?

"सभी बातों से परे, हमें सदा दूसरों को अपने से पहले स्थान देना चाहिए और अपने मन में उनके कल्याण की भावना को बनाए रखना चाहिए; अपने-आप को हमेशा अंत में स्थान देना चाहिए। हमारे सभी कार्य तथा चिंतन, अन्य व्यक्तियों के प्रति करुणा से ओत-प्रोत होने चाहिए। इस प्रकार का नज़रिया विकसित करने का यही तरीक़ा हो सकता है कि हमें इस सादे तथ्य को स्वीकार कर लेना चाहिए कि हम जो भी इच्छा रखते हैं, दूसरे व्यक्ति भी वही इच्छा रखते हैं। प्रत्येक व्यक्ति जीवन में अपने लिए कष्ट नहीं केवल प्रसन्नता चाहता है। यदि हम जीवन के प्रति स्व-केंद्रित रवैया अपना लें, जिसमें हम प्रत्येक व्यक्ति को अपने ही हित के लिए प्रयोग में लाना चाहते हैं, तो हो सकता है कि हम अस्थायी रूप से लाभ पा लें, परंतु दीर्घकालीन रूप से हम निजी प्रसन्नता तक अर्जित नहीं कर सकेंगे और अगले जन्म के लिए आशा का तो प्रश्न ही नहीं पैदा होता।"

भाग 4

जीवन की चुनौतियाँ

मैं प्रायः प्रत्येक त्रासदी को, इतिहास में घटी बड़ी त्रासदियों के संदर्भ में देखने का प्रयत्न करता हूँ, इस प्रकार मुझे एक विस्तृत केंद्र मिलता है और इसे सहन करना मेरे लिए सरल हो जाता है। तो यही मेरा रहस्य है, यही मेरी युक्ति है!

- परम पूज्य 14वें दलाई लामा

भले ही इच्छाओं की पूर्ति से अस्थायी संतुष्टि का भाव उत्पन्न हो जाए; यद्यपि ऐसी प्रसन्नता अल्पकालिक ही होती है जैसे कोई नई कार या नया घर ख़रीदने से मिली प्रसन्नता या संतुष्टि। जब हम अपनी इच्छाओं की पूर्ति में मग्न होते हैं तो वे बढ़ती ही जाती हैं और उनकी गहनता व संख्या में वृद्धि होती जाती है। हमारी माँगें अधिक व संतुष्टि का स्तर घटते जाते हैं, हमारे लिए अपनी माँगों की पूर्ति और कठिन होती जाती है।

- परम पूज्य 14वें दलाई लामा

यह जीवन इतना कठिन क्यों हो सकता है?

"जब तक हम इस जीवन में रहते हैं, हमें समस्याओं का सामना करना ही होगा। जब हम अपनी आशा का संबल खो कर, निरूत्साहित हो उठते हैं, तो कठिनाईयों का सामना करने की क्षमता भी घट जाती है। वहीं दूसरी ओर, हमें यह भी याद रखना चाहिए कि केवल हम ही नहीं बल्कि दूसरे लोगों को भी कठिनाईयों का सामना करना होता है। और इस तरह के यथार्थवादी दृष्टिकोण के साथ हमारे भीतर समस्याओं का सामना करने के लिए हमारा संकल्प और क्षमता भी बढ़ जाते हैं। इस रवैए के साथ, प्रत्येक नई बाधा को एक नए व अनमोल अवसर के रूप में देखा जा सकता है, जिसके माध्यम से हम अपने मन को सुधार सकते हैं!"

यदि किसी समस्या का समाधान हो सकता है, अगर कोई समस्या ऐसी है जिसके विषय में आप कुछ कर सकते हैं, तो आपको चिंता करने की आवश्यकता नहीं है। अगर किसी समस्या का समाधान नहीं हो सकता, तो चिंता करने से क्या लाभ होगा? इस प्रकार किसी भी रूप में, चिंता करने का तो सवाल ही नहीं पैदा होता।

- परम पूज्य 14वें दलाई लामा

हमें जीवन की चुनौतियों पर कैसी प्रतिक्रिया देनी चाहिए?

"तिब्बती भाषा में एक कहावत है, 'त्रासदी या कष्ट को शक्ति के स्त्रोत के रूप में अपनाया जाना चाहिए।' भले ही कितनी भी कठिनाईयाँ क्यों न आएँ, भले ही कितने भी कठोर अनुभव क्यों न हों, यदि हम अपनी आशा खो देते हैं, तो वही हमारे लिए वास्तविक विनाश है। भले ही परिस्थितियाँ कैसी भी क्यों न हों, भले ही मैं कितने भी कष्ट या पीड़ा का सामना क्यों न कर रहा होऊँ, मैं सदा करुणा का अभ्यास करता हूँ। इस प्रकार मुझे आंतरिक शांति व प्रसन्नता प्राप्त होती है। इस प्रकार मुझे यह एहसास मिलता है कि मेरा जीवन उपयोगी है।

जब जीवन में वास्तविक संकट से मेरा सामना होता है ? तो हम दो प्रकार से अपनी प्रतिक्रिया दे सकते हैं : या तो अपनी आशा को खो कर आत्म-विनाशक प्रवृत्ति को अपना सकते हैं या चुनौती का सामना करते हुए आंतरिक शक्ति प्राप्त कर सकते हैं। मैं प्रत्येक

त्रासदी या संकट को इतिहास की बड़ी त्रासदी के संदर्भ में देखने की चेष्टा करता हूँ। इस प्रकार मुझे एक विस्तृत केंद्र की प्राप्ति होती है और उसे सहन करना सरल हो जाता है। यही मेरा रहस्य है, यही मेरी युक्ति है।”

कई बार ऐसा समय भी आता है, जब हमारे सामने असंभव उत्तरदायित्व और कठिनाईयाँ आ जाते हैं, परंतु उसके बावजूद भी, मैं निजी रूप से आनंद में ही बना रहता हूँ और बहुत अधिक चिंता नहीं करता। मैं अपनी ओर से भरसक प्रयत्न करता हूँ और संयम रखता हूँ और इस तरह असफल होने का प्रश्न ही पैदा नहीं होता।

- परम पूज्य 14वें दलाई लामा

किसी भी प्रकार की वास्तविक नैतिक चुनौती के दौरान, हमें पूरी विनम्रता के साथ अपनी प्रतिक्रिया देनी चाहिए, न केवल सामूहिक व निजी रूप से, अपने ज्ञान की सीमाओं को पहचानना चाहिए बल्कि अपनी संवेदनशीलता पर भी ध्यान देना चाहिए, जो हमें तेज़ी से बदल रहे यथार्थ के संदर्भ में दिग्भ्रमित कर सकती है।

- परम पूज्य 14वें दलाई लामा

जब भी कोई चुनौती सामने आए तो हमें सबसे पहले क्या करना चाहिए?

"हमें सबसे पहले सहायता प्रदान करनी चाहिए, इसके बाद हम उस संकट से जुड़े कारणों पर विचार कर सकते हैं। एक भारतीय कहावत के अनुसार, 'अगर तुम्हें कोई विषबुझा तीर लगा हो तो उसे सबसे पहले निकालना कहीं अधिक महत्त्वपूर्ण होता है।' उस समय यह पूछना आवश्यक नहीं होता कि यह कहाँ से आया, यह कैसा विष है आदि। पहले तत्काल समस्या का समाधान करो, फिर उसका अन्वेषण करो। ठीक इसी प्रकार, जब भी हम मनुष्य पीड़ा या संकट का सामना करते हैं, तो हमारे लिए यह बहुत महत्त्वपूर्ण हो जाता है कि हम ज़रूरतमंदों की राजनीति के बारे में चर्चा करने की बजाए पूरी करुणा के साथ उनके लिए अपनी प्रतिक्रिया दें।"

अच्छी देखरेख व करुणा, सहृदयता व सकंल्प आदि के बल पर कठिन वस्तुओं को बदला जा सकता है और स्वस्थ व प्रसन्न व्यक्ति अपने मतभेदों पर चर्चा करते हुए, एक ऐसे समझौते पर आ सकते हैं, जिसके साथ सभी जीवित रह सकते हैं।

- परम पूज्य 14वें दलाई लामा

लोगों से व्यवहार करना इतना कठिन क्यों होता है?

"कई बार यह बताना बहुत कठिन हो जाता है कि लोग ऐसे काम क्यों करते हैं... आप प्रायः पाएँगे कि इसके लिए कोई सादी व्याख्या नहीं दी जा सकती। यदि हम किसी भी व्यक्ति के जीवन में विस्तार से जाना जाएँ, तो मनुष्य का मन इतना जटिल है कि इसे समझ पाना कठिन होगा कि क्या चल रहा है, वास्तव में क्या हो रहा है? एक बौद्ध भिक्षु होने के नाते, मैं सारी मानवता के प्रति चिंता का भाव रखता हूँ और वास्तव में सभी संकट से ग्रस्त जीवों के लिए यह भाव रखता हूँ। मेरा मानना है कि अज्ञान ही कष्ट का मूल है। लोग अपने जीवन में प्रसन्नता या संतुष्टि पाने के लिए दूसरों के जीवन में पीड़ा का समावेश करते हैं। हालाँकि केवल सबके प्रति भाईचारे और अपनेपन के भाव के साथ ही सच्ची प्रसन्नता पाई जा सकती है।"

यदि आप संसार को बदलना चाहते हैं, तो पहले अपने भीतर सुधार लाने का प्रयत्न करें। इस तरह आप अपने परिवार को बदल सकेंगे। वहीं से यह बड़ा और बड़ा होता जाएगा। हम जो भी करते हैं, उसका कोई न कोई प्रभाव अवश्य होता है।

- परम पूज्य 14वें दलाई लामा

मुझे कठिन स्वभाव के लोगों से कैसे पेश आना चाहिए?

“केवल यह सोचना ही पर्याप्त नहीं होगा कि करुणा, चेतना व धैर्य अच्छे हैं, केवल ऐसा करने से उन्हें विकसित नहीं किया जा सकता। हमें कठिनाईयों के सामने आने की प्रतीक्षा करनी चाहिए और उन पर इन गुणों का अभ्यास करना चाहिए। ऐसे अवसर कौन उत्पन्न करता है? निःसंदेह इन्हें हमारे मित्र नहीं अपितु शत्रु ही उत्पन्न करते हैं। वे ही हमें वास्तव में कठिनाई के सामने ला खड़ा करते हैं। यदि हम वास्तव में कुछ सीखना चाहते हैं, तो हमें शत्रुओं को ही अपना अध्यापक मान लेना चाहिए।

जो व्यक्ति करुणा तथा प्रेम का अभ्यास करता है, उसके लिए धैर्य का अभ्यास करना भी अनिवार्य है और ऐसा करने के लिए आपके पास किसी शत्रु का होना अपरिहार्य है। तो हमें अपने शत्रुओं के लिए कृतज्ञता का अनुभव करना चाहिए, वे ही हमें एक स्थिर व प्रशांत मन पाने में सहायक हो सकते हैं। जैसा कि

प्रायः निजी तथा सार्वजनिक जीवन में देखा जाता है? परिस्थितियों में परिवर्तन आते ही शत्रु भी मित्र बन जाते हैं। अतः घृणा व क्रोध से सदा दूर रहना चाहिए और जब तक हम अपने मन को प्रशिक्षित करते हुए, नकारात्मक बलों को घटाने का प्रयास नहीं करेंगे, वे हमें निरंतर सताते ही रहेंगे और एक प्रशांत मन पाने के लक्ष्य को पूरा नहीं करने देंगे। घृणा व क्रोध हमारे वास्तविक शत्रु हैं। यही वे बल हैं, जिनका सामना करते हुए उन्हें पराजित किया जाना आवश्यक है। हमें उन अस्थायी शत्रुओं की परवाह नहीं करनी है, जो जीवन में यदा-कदा प्रकट होते ही रहते हैं।"

जब कोई कठिन समय आए तो हमें एक-दूसरे की सहायता करनी चाहिए, और हमें अपने हाथ आए सौभाग्य को भी बाँट कर ही उसका आनंद लेना चाहिए।

- परम पूज्य 14वें दलाई लामा

भाग 5

प्रसन्नता

प्रसन्नता को कहीं से ख़रीदा नहीं जा सकता। यह आपके अपने ही कर्मों से उत्पन्न होती है।

- परम पूज्य 14वें दलाई लामा

मेरा प्रायः यही मानना है कि जीवन का बुनियादी लक्ष्य प्रसन्नता या संतोष ही है। मेरा मानना है कि हमारा अस्तित्व काफ़ी हद तक आशा पर निर्भर करता है।

- परम पूज्य 14वें दलाई लामा

जीवन का उद्‌देश्य क्या है?

"भले ही हम इसके बारे में सजग भाव से सोचें अथवा नहीं, यही एक बड़ा प्रश्न हमारे अनुभव को बार-बार रेखांकित करता है। मेरा तो यह मानना है कि प्रसन्न रहना ही जीवन का सबसे बड़ा उद्‌देश्य है। प्रत्येक व्यक्ति जन्म से ही अपने लिए प्रसन्नता चाहता है, उसे अपने लिए कष्ट की आवश्यकता नहीं होती। किसी भी सामाजिक संस्कार, विचारधारा या शिक्षा का इस पर कोई प्रभाव नहीं होता। हम अपने अस्तित्व के भीतर से ही, अपने लिए संतोष की चाहना रखते हैं। मैं नहीं जानता कि यह ब्रह्माण्ड, इसकी असंख्य आकाशगंगाएँ, तारे व ग्रह कोई गहरा अर्थ रखते हैं या नहीं, परंतु यह तो स्पष्ट है कि हम इस ग्रह पर रहने वाले मनुष्य अपने जीवन को प्रसन्नतापूर्ण बनाना चाहते हैं। इस प्रकार, यह पता लगाना बहुत महत्त्वपूर्ण हो जाता है कि हमें प्रसन्नता का महान स्तर कैसे प्राप्त कर सकते हैं।"

स्वतंत्रता ही मनुष्य की प्रसन्नता व सृजनशीलता का वास्तविक स्त्रोत है। भले ही आप आस्तिक हों या नास्तिक, बौद्ध धर्म के अनुयायी हों या ईसाई हों या फिर कोई यहूदी हों; यह बात कहीं अधिक मायने रखती है कि आप एक अच्छे इंसान बनें।

- परम पूज्य 14वें दलाई लामा

मैं प्रसन्नता कैसे प्राप्त कर सकता हूँ?

"प्रारंभ में, हर प्रकार की प्रसन्नता व कष्ट को दो श्रेणियों में विभाजित किया जा सकता है : मानसिक व शारीरिक। इन दोनों में से, मन हम पर अधिक प्रभाव रखता है। जब तक हम रोगी या बुनियादी सुविधाओं से रहित न हों, हमारी भौतिक अवस्था जीवन में एक गौण भूमिका रखती है। यदि शरीर संतुष्ट होगा तो प्रायः हम इसकी उपेक्षा करते हैं। मन हर घटना को दर्ज करता है, भले ही वह कितनी भी छोटी क्यों न हो। इस प्रकार हमें मानसिक शांति पाने के लिए अपनी ओर से गंभीर प्रयत्न करने चाहिए।

मैंने अपने सीमित अनुभव से जाना है कि प्रेम व करुणा को विकसित करने से मन की सहज प्रशांति को भी विकसित किया जा सकता है।"

नकारात्मक कर्मों या अधूरे कार्यों से कभी प्रसन्नता या आनंद की अनुभूति नहीं हो सकती। आनंद व प्रसन्नता की परिभाषा ही यही है कि वे संपूर्ण कर्मों का ही फल हैं।

- परम पूज्य 14वें दलाई लामा

मुझे दिन-प्रतिदिन प्रसन्नता को विकसित करने के लिए क्या करना चाहिए?

“प्रतिदिन, जब भी आप सो कर उठें तो यह मानें कि मुझे आज जीने का सौभाग्य मिला, मैं कितना भाग्यशाली हूँ। मेरे पास एक अनमोल मनुष्य जीवन है और मैं इसे व्यर्थ नहीं करने वाला। मैं अपने-आप को विकसित करने के लिए सभी ऊर्जाओं का उपयोग करूँगा, अपने हृदय को दूसरों के लिए अर्पित करूँगा तथा सभी जीवों के कल्याण के लिए प्रबोधन पाने का प्रयत्न करूँगा। प्रसन्नता को बाज़ार से ख़रीदा नहीं जा सकता। यह कोई बनी-बनाई वस्तु नहीं है। इसे तो अपने ही कर्मों से उत्पन्न किया जाता है।

सहृदयता, करुणा व प्रेम ही प्रसन्नता के बुनियादी स्त्रोत हैं। यदि हमारे पास ये मानसिक प्रवृत्तियाँ हों, तब भी कटुता से घिरने पर मन का विचलित होना स्वाभाविक ही है। वहीं दूसरी ओर, यदि हमारे भीतर करुणा का अभाव होगा या हमारा मन क्रोध या घृणा से भरा होगा, तो हमें कभी शांति नहीं मिल सकती।”

यद्यपि जब भी मैं यह बात कहता हूँ तो कई लोग हँसते हैं, परंतु मैं हमेशा अपने लिए और अधिक मित्र चाहता हूँ। मुझे मुस्कानें बहुत पसंद हैं। इसके कारण ही मुझे यह भी पता है कि अधिक से अधिक दोस्त किस तरह बनाए जा सकते हैं या अधिक से अधिक मुस्कानें कैसे पाई जा सकती हैं, वास्तव में सच्ची मुस्कानें कैसे पाई जा सकती हैं। यदि हम अपने लिए ऐसी मुस्कानें चाहते हैं तो हमें इन्हें उत्पन्न करने के लिए कारण पैदा करना होगा।

- परम पूज्य 14वें दलाई लामा

प्रसन्नता पाने के लिए दोस्ती कैसे महत्त्वपूर्ण होती है?

"निःसंदेह, यह स्वाभाविक और उचित है कि हम सभी अपने लिए मित्र चाहते हैं। मैं प्रायः हँसी में कहता हूँ कि यदि आप वास्तव में स्वार्थी होना चाहते हैं, तो आपको परोपकारी होना चाहिए! आपको दूसरों की अच्छी देखरेख करनी चाहिए, उनके कल्याण के लिए चिंतित होना चाहिए, उनकी मदद करनी चाहिए, उनकी सेवा करनी चाहिए, बहुत सारे दोस्त बनाने चाहिए और बहुत सारी मुस्कानें बटोरनी चाहिए। नतीजा ? जब भी आपको अपने लिए मदद की ज़रूरत होगी तो आपको मदद देने वालों की कमी नहीं होगी। यदि, वहीं दूसरी ओर, आपने दूसरों की प्रसन्नता को उपेक्षित किया, तो दीर्घकाल में आपके हाथ कुछ नहीं आएगा। और क्या झगडे, क्रोध, ईर्ष्या या प्रतियोगी भावना से दोस्ती को उत्पन्न किया जा सकता है ? मुझे ऐसा नहीं लगता। केवल स्नेह के बल पर ही हम स्नेही व आत्मीय मित्र पा सकते हैं। वर्तमान भौतिकवादी समाज में, अगर

आपके पास पैसा व सत्ता है तो आपको लगेगा कि आपके बहुत से मित्र हैं परंतु वे आपके दोस्त नहीं हैं; वे तो आपके पैसे व पद के मित्र हैं। जब भी आप अपना दबदबा और धन गँवा देंगे, आप पाएँगें कि वे कहीं खोजने से भी नहीं मिल रहे।

समस्या यह है कि जब संसार में हमारे लिए सब अच्छी तरह चल रहा होता है तो हमें ऐसा लगता है कि हम अकेले ही सब संभाल सकते हैं और हमें मित्रों की आवश्यकता नहीं है परंतु ज्यों ही हमारी सेहत व स्तर में गिरावट आने लगती है, हमें झट से एहसास होता है कि हम कितने ग़लत थे। इसी क्षण में हम समझ पाते हैं कि हमारे लिए कौन सहायक है और कौन हमारे लिए अनुपयोगी हैं। तो उस क्षण के लिए तैयार होने के लिए, उस कठिन समय में सहायक दोस्तों का साथ पाने के लिए आवश्यक है कि हम भी अपने भीतर परोपकार की भावना को विकसित करें।"

यह भी याद रखें, जब कभी आपको अपना मनचाहा नहीं मिलता, तो वह भी भाग्य की ओर से आपके लिए कोई अद्‌भुत निर्णय ही होता है।

- परम पूज्य 14वें दलाई लामा

यदि प्रसन्नता की कामना तथा दुःख से मुक्ति के लिहाज़ से देखा जाए, तो हम सभी एक से हैं। हम जब अपने बारे में सोचते हैं तो हम अकेले हैं परंतु दूसरों के बारे में सोचें तो वे अनंत हैं। इस प्रकार दूसरे, हमसे कहीं अधिक महत्त्व रखते हैं।

- परम पूज्य 14वें दलाई लामा

भौतिक वस्तुएँ प्रसन्नता के लिए क्या भूमिका रखती हैं?

"एक बहुत ही निर्धन तथा अल्पसुविधाप्राप्त व्यक्ति यह विचार कर सकता है कि कोई ऑटोमोबाइल या टी.वी. मिलने पर, उसकी प्रसन्नता का पारावार नहीं रहेगा। यदि ऐसी प्रसन्नता स्थायी होती तो इसे हमेशा रहना चाहिए था परंतु ऐसा नहीं होता; यह कुछ समय बाद चली जाती है। कुछ महीने बाद वह उनके मॉडल बदलना चाहता है। अब वही पुराने मॉडल उसके लिए असंतोष का कारण बनते हैं। यही परिवर्तन की प्रकृति है।

बौद्ध धर्म के अनेक प्रासंगिक पाठों में से एक यह भी है कि हमें अति से बचना चाहिए। यह हमें सिखाता है कि किसी भी प्रकार की ऐंद्रिक संवेदना या तुष्टि की अति से हमें आजादी या प्रसन्नता प्राप्त नहीं हो सकती, हमें हमेशा मध्यम मार्ग का अनुसरण करना चाहिए।"

आभार

हम अपने पाठकों के प्रति आभार प्रकट करना चाहते है, जो इस यात्रा पर हमारे साथ आए। हम अपने उन मित्रों को भी धन्यवाद देना चाहते हैं, जिन्होंने इस पुस्तक को तैयार करने में स्वेच्छा से सहायता प्रदान की, अपने प्रिय कथनों व प्रश्नों को हमसे बाँटा। डेबी कार्टर, अमैंडा बोगारडस, डॉना रिज़ारदिनी, मार्था ब्लैक-ज़पाटा, पॉल ब्लैक, नताशा जिन्नीवान तथा क्लेयर रॉबर्ट्स को विशेष रूप से धन्यवाद!

ट्रैविस की ओर से

मैं अपने परिवार व मित्रों को धन्यवाद देना चाहूँगा, जिन्होंने मुझे परम पूज्य के प्रज्ञापूर्ण लेखन पर किए जा रहे शोध तथा इससे जुड़े रचनात्मक उपायों को सामने लाने के लिए प्रोत्साहित किया। मॉम, आपका बहुत-बहुत धन्यवाद, आपके कहने से ही मैंने आज से कई वर्ष पूर्व द आर्ट ऑफ़ हैपीनेस पढ़ी थी, डैड,

लायआना और इलियास, हम लोगों के सार्थक वार्तालाप के लिए बहुत-बहुत धन्यवाद!

धन्यवाद पवन, आपने फेसबुक पेज को लॉन्च करने में हमें मदद दी, जिसके माध्यम से हम परम पूज्य के विचारों व उपदेशों का प्रचार करना चाहते थे। ब्रायन, बहुत-बहुत धन्यवाद, तुमने आई फ़ोन ऐप को तैयार करने में अपना योगदान दिया; और निःसंदेह डीडी का नाम तो लेना ही होगा, जिनके कारण यह पुस्तक साकार रूप में सामने आ सकी।

अंत में, मैं अपनी पत्नी टुंगा को भी धन्यवाद देना चाहूँगा, जो प्रतिदिन मुझे प्रेरित करती आई हैं कि मैं दलाई लामा की गहन किंतु सादगी से भरपूर शिक्षाओं के मर्म को जान सकूँ, समझ सकूँ, वे वास्तव में एक ऐसे अद्‌भुत व्यक्ति हैं, जो अपने-आप में अद्‌वितीय हैं।

डीडी की ओर से

हम परम पूज्य 14वें दलाई लामा के उपदेशों, उदारशीलता तथा पहुँच के अभाव में यह कार्य कभी नहीं कर सकते थे। मैं उस भेंट को कैसे भुला सकती हूँ, जब मैं दलाई लामा से पहली बार मिली वे 2012 में, मिडलबरी कॉलेज के एक मंच पर चलते हुए आए। उन्होंने हम पाठकों के सम्मुख अपना सिर झुकाया, उन्होंने कॉलेज की बेसबॉल कैप लगा रखी थी (या वो बोस्टोन की रेड सॉक्स थी?) और दर्शक बहुत देर तक खड़े, करतल ध्वनि से उनका स्वागत करते रहे।

मैं रिपोटर्स बॉक्स से, हाथ में पेन थामे उन्हें देखती ही रही। मैं मंच पर आसीन परम पूज्य को देख इतना मंत्रमुग्ध हो गई थी कि एक भी शब्द नहीं लिख सकी। मैं इतनी द्रवित हो उठी थी कि केवल रो सकती थी; मैं वास्तव में अपने भीतर उठ रहे भावनाओं के इस ज्वार के लिए बिल्कुल प्रस्तुत नहीं थी क्योंकि मेरे लिए यह सब बहुत नया था। उस दिन उनके संबोधन के बाद वहाँ से चली तो आई किंतु उनके वे कथन और प्रेरणादायक वाक्य आज भी, मेरे दिन-प्रतिदिन का एक हिस्सा हैं। मैं इस पुस्तक के माध्यम से परम पूज्य को उन अद्‌भुत क्षणों के लिए धन्यवाद तो देना चाहती ही हूँ, साथ ही यह भी चाहती हूँ कि यह पुस्तक पूरे विश्व में अनेक पाठकों तक उनका संदेश ले कर जाए।

इस पुस्तक के लेखन, संपादन व अंत में सुंदर प्रकाशन के लिए निम्नलिखित व्यक्तियों के प्रति विशेष रूप से आभार प्रकट करना चाहते हैं।

सबसे पहले, हम अपने प्रकाशक ऐंड्रू फ़्लाच के प्रति आभार प्रकट करते हैं जिन्होंने हमारी पुस्तक के प्रति अपना विश्वास प्रकट किया और अपना अप्रतिम सहयोग प्रदान किया। हमारी संपादकीय टीम भी बहुत प्रतिभाशाली थी; संपादक ऐना क्रूसिंस्की के साथ रायन कैनेडी का सहयोग तथा हैदरली प्रेस के रायन तुमामबिंग ने इस पुस्तक को सबके सामने लाने में पूरा योगदान दिया।

मैं अपने पति व बच्चों, स्टीव, सैम, एमा व जो कारमायकल; मेरे माता-पिता शर्ली एलिस कमिंग्स तथा

स्वर्गीय रॉबर्ट कमिंग्स; मेरे प्रिय मित्र लॉरेन एल्डरफ़र तथा निःसंदेह ट्रैविस को भी धन्यवाद देना चाहती हूँ जिन्होंने दलाई लामा की शिक्षाओं पर बहुत सुंदर शोध सामग्री प्रस्तुत की।

अंत में, मैं मैरिट क्रेनमर, स्टीवन रॉकफ़ेलर, जॉन एल्डर, स्टीवन ब्रॉक, मिडलबरी कॉलेज, वरमॉन्ट पब्लिक रेडियो, सोनम ज़ोकसांग, डॉ. तारा डोएल, राजीव मेहरोत्रा तथा उन सभी अद्भुत व्यक्तियों को भी धन्यवाद देना चाहती हूँ, जो दलाई लामा के साथ कार्यरत हैं; और इससे भी अधिक, परम पूज्य 14वें दलाई लामा को भी धन्यवाद देना चाहूँगी, जिन्होंने संसार को अपना दर्शन व शिक्षाएँ अर्पित कीं और जो तिब्बतवासियों को उनकी स्वतंत्रता का अधिकार दिलवाने के लिए निरंतर प्रयत्नशील हैं।

यदि आप हमसे अपने विचार साँझा करना चाहें या दलाई लामा से पूछे जाने वाले संभावित प्रश्नों की श्रंखला में कुछ जोड़ना चाहें, तो हमें बहुत प्रसन्नता होगी। आप निम्न पते पर हमसे संपर्क करते हुए, अपने विचार तथा प्रिय उद्धरण साझा कर सकते हैं : questions.advancehumanity.com

संसाधन

एडवांस ह्यूमैनिटी

यह पुस्तक एडवांस ह्यूमैनिटी का एक अंश होने के साथ-साथ उससे प्रेरित भी थी, यह समुदाय उन मानवतावादियों का है, जो मिल कर इस संसार में परिवर्तन लाने के लिए कार्यरत हैं। लेखक ट्रैविस हेलस्ट्रॉम द्वारा स्थापित एडवांस ह्यूमैनिटी लोगों को इतना सशक्त बनाती है कि वे इस संसार में वांछित बदलाव ला सकें। यदि इस विषय में अधिक जानकारी पाना चाहें तो निम्नलिखित पते पर संपर्क करेंः www.advancehumanity.com

मोबाइल ऐप : दलाई लामा कोट्स

एडवांस ह्यूमैनिटी व रीज़न इंटरेक्टिव की साझेदारी के बीच एक निःशुल्क आईफ़ोन व आईपैड ऐप विकसित किया गया है। दलाई लामा कोट्स में परम पूज्य दलाई

लामा के सैंकड़ों उद्धरण शामिल किए गए हैं और ऐप स्टोर में उपलब्ध एप्प में से, इसे दलाई लामा के सर्वाधिक रेटिंग वाले एप्प का दर्जा दिया गया है। इसे आप निम्नलिखित वेबसाइट से निःशुल्क डाउनलोड कर सकते हैं : www.dalaiquotes.com

फेसबुक : दलाई लामा कोट्स

ऑनलाइन जाने पर सोशल मीडिया का विस्तार भ्रमित कर सकता है। हमने एक विशेष फेसबुक पेज तैयार किया है। जिस पर प्रतिदिन दलाई लामा के दो नए कोट्स दिए जाते हैं ताकि आप अपनी न्यूज़ फ़ीड को प्रेरणादायक व सहयोग देने वाले शब्दों से भरपूर पा सकें। हमारा साथ पाने के लिए निम्न पते पर संपर्क करें : www.facebook.com/quotesdalailama

औपचारिक वेबसाइट

परम पूज्य कार्यालय की औपचारिक वेबसाइट एक विशाल संसाधन की तरह है। यहाँ आप देख सकते हैं कि परम पूज्य किस प्रकार, अपनी विविध गतिविधियों, सार्वजनिक संबोधनों, अंतर्राष्ट्रीय दौरों तथा प्रकाशनों के माध्यम से अपनी प्रतिबद्धताएँ पूरी करते हैं। इसके लिए निम्न पते पर जाएँ : www.dalailama.com

उपसंहार

तिब्बतवासियों के आध्यात्मिक नेता, शांति के लिए नोबेल पुरस्कार पाने वाले, शंति के अग्रदूत तथा हिंसा से भरे युग में अहिंसा के समर्थक, परम पूज्य चौदहवें दलाई लामा को हाल ही में कहते सुना गया कि इक्कीसवीं सदी को संवाद की सदी होना चाहिए। उन्होंने कहा, "निश्चित रूप से और भी बहुत बड़ी समस्याएँ सामने आएँगी। आने वाले वर्षों में ऐसा ही होगा, परंतु उन्हें हिंसा के स्थान पर पूरे आदर-मान व समझौतों के साथ सुलझाना होगा। केवल तभी हम मानवजाति के दीर्घकालीन हितों की रक्षा कर सकते हैं।"

इस सादगी से भरपूर, उदारमना तथा ज्ञान के प्रकाश से आलोकित पुस्तक के माध्यम से हम संपादक यही आशा प्रकट करते हैं कि यह पुस्तक अपनी शिक्षाओं के माध्यम से प्रेरणा, प्रोत्साहन व आंतरिक समृद्धि प्रदान करने में सहायक होगी। अभी हम पूछते हैं, 'सजगता किसे कहते हैं?' तब हम जान जाएँगे कि

यह एक ऐसा प्रश्न है, जिसे पूछने की आवश्यकता ही नहीं है।

उनका संदेश प्रत्येक व्यक्ति के भीतर अनुनादित हो उठता है, उनके शब्दों को प्रस्तुत करने के लिए और उन्हें आपके निजी संकल्प का हिस्सा बनाने के लिए ही यह पुस्तक लिखी गई है। हमने परम पूज्य की प्रज्ञा से संपन्न उन शब्दों को प्रस्तुत किया है, जिन्हें वे निःसंकोच प्रत्येक व्यक्ति को अर्पित करते आए हैं। परम पूज्य द्वारा लिखी पुस्तकों तथा उनके उपदेशों के बारे में लिखी गई पुस्तकों की जानकारी पाने के लिए, आपको परम पूज्य 14वें दलाई लामा के कार्यालय की औपचारिक वेबसाइट पर जाना होगा : www.dalailama.com

जब भी संभव हो सके, दयालुता से भरा रवैया अपनाएँ। और ऐसा सदैव संभव है।

- परम पूज्य 14वें दलाई लामा

5.13

पूरी धरती को यदि चमड़े से मढ़ना हो तो उसके लिए इतनी चमड़ी कहाँ से आएगी? परंतु मैं अपने ही जूतों के चमड़े के तलवों के साथ, पूरी धरती को माप सकता हूँ!

- शांतिदेव,
द वे ऑफ़ द बोधिसत्व

दलाई लामा ट्रस्ट के विषय में जानकारी

दलाई लामा ट्रस्ट की स्थापना, 2009 में हिज़ होलीनेस 14वें दलाई लामा द्वारा की गई थी। इस ट्रस्ट की स्थापना इस उद्देश्य के साथ की गई थी कि तिब्बतवासियों, उनकी प्राचीन सभ्यता की संस्कृति तथा धरोहर तथा इस संस्कृति व इससे जुड़े लोगों के गहन मूल्यों के प्रचार को उत्थान व प्रगति प्रदान की जा सके।

अनेक कल्याणकारी गतिविधियों के बीच, दलाई लामा ट्रस्ट तिब्बती संस्कृति को संरक्षित करते हुए, युवा तिब्बतियों के नेतृत्व तथा शिक्षा संबंधी अवसरों को विकसित करने में सहयोग देता है। दलाई लामा ट्रस्ट उन सभी पहलों को भी पूरा योगदान देता है, जो वैश्विक समुदाय में सार्वभौमिक उत्तरदायित्व की भावना को विकसित करते हैं तथा विज्ञान व धर्म के बीच संवाद व संप्रेषण की प्रगति करना चाहते हैं। यह ट्रस्ट

सामूहिक वृद्धि तथा बृहत्तर सामाजिक परिवर्तन के लिए अहिंसा को एक शक्तिशाली साधन के रूप में मान्यता प्रदान करता है। सभी धर्मों तथा मूल के अल्पसुविधा प्राप्त समुदायों को भी दलाई लामा ट्रस्ट की ओर से सहयोग तथा सहायता प्रदान की जाती है।

दलाई लामा ट्रस्ट संस्थापकों द्वारा दी गई दानराशि तथा सार्वजनिक दानराशि द्वारा संचालित है। यह ट्रस्ट यू.एस. की एक गैर-लाभकारी संस्था के रूप में, न्यू यॉर्क में रजिस्टर्ड किया गया था। इसे बोर्ड ऑफ़ ट्रस्टी द्वारा संचालित किया जाता है तथा इसके संस्थापक ही इसके चेयरमैन हैं।

अधिक जानकारी के लिए यह वेबसाइट देखें : www.dalailamatrust.org